中山出版
ZHONGSHAN PUBLISHING

香山承文脉　好书读百年

Hello,大涌

管启富 文　陈皓琪 绘

SPM
南方出版传媒
广东人民出版社
·广州·

图书在版编目（CIP）数据

Hello，大涌 / 管启富文；陈皓琪绘. -- 广州 :广东人民出版社，2017.11

（"Hello，中山"手绘漫画系列）

ISBN 978-7-218-12069-0

Ⅰ.①H… Ⅱ.①管… ②陈… Ⅲ.①乡镇—概况—中山—图集 Ⅳ.①K926.55-64

中国版本图书馆CIP数据核字(2017)第233912号

HELLO,DA CHONG

Hello，大涌　　管启富　文　陈皓琪　绘

版权所有　翻印必究

出　版　人：肖风华

责任编辑：李锐锋　　冼惠仪
装帧设计：蓝美华
封面设计：陈宝玉

统　　筹：广东人民出版社中山出版有限公司
执　　行：何腾江　吕斯敏
地　　址：中山市中山五路 1 号中山日报社 8 楼（邮编：528403）
电　　话：（0760）89882926　　（0760）89882925

出版发行：广东人民出版社
地　　址：广州市大沙头四马路10号（邮编：510102）
电　　话：（020）83798714（总编室）
传　　真：（020）83780199
网　　址：http://www.gdpph.com
印　　刷：广东信源彩色印务有限公司
开　　本：787mm×1092mm　1/32
印　　张：4　　字　　数：41千
版　　次：2017年11月第1版　2017年11月第1次印刷
定　　价：25.00元

如发现印装质量问题影响阅读，请与出版社（0760-89882925）联系调换。
售书热线：（0760）88367862　邮购：（0760）89882925

总　序 ｜ 写画心中的城

　　都说现在是一个"看脸"的时代，手绘漫画图书的热销，就是标志之一。"轻阅读"的流行，正是时代发展的产物。顺势而为，我们打造了这套"Hello，中山"手绘漫画系列，一是让年轻人利用自己的地缘优势讲好"中山故事"，传播家乡传统文化；二是给年轻人机会出版作品，毕竟出书是一件严肃又庄重的事情，也是值得一辈子自豪的事情。

　　"Hello，中山"手绘漫画系列是一套开放式的选题，计划以每年出版一二十种新书的规模，以陆续出版、不断充实、不断丰富的方式，用若干年的时间，打造一套有规模、有品位、有传承力、有影响力的具有中山特色的原创手绘漫画书系。

　　作为"Hello，中山"手绘漫画系列的策划人，我期待中的这套书不止是巡礼式地给中山 24 个镇区各出一册，而是 N 册，同时扩充至其他领域，比如老字号、非物质文化遗产等，形成一套三五十册的较大规模，可较长时间立于中山人书架上的系列图书。所以，做好这一套图书，我们将坚持以下几点——

一是充分调动年轻人的积极性，邀请能写能画且熟悉中山的土著的非土著的年轻人加盟。2015 年 7 月出版的《Hello，石岐》作为"Hello，中山"手绘漫画系列的第一本，其作者是当地一所大学的应届毕业生，书稿其实就是两个年轻女孩子的毕业创作作品。在一次展览上，我们看中了书稿，于是拿过来出版。结果出版后，反响很好，于是我们又广罗人才，邀请了更多年轻人参照《Hello，石岐》的模式，给其他镇区画、写，慢慢积累，就有了 2016 年 8 月重磅推出的《Hello，石岐Ⅱ》《Hello，沙溪》《Hello，南朗》《Hello，神湾》等。我们的出发点很明确，就是让中山的年轻人用自己的视角和喜爱的方式来讲述中山的故事，这是一个全新看中山的角度，让他们不囿于传统的模式去审视自己熟悉的地方。年轻人也可以借用这种新的形式来发挥自己的才能。它不仅让中山人认识中山，还让中山人重新探索和思考中山，同时去发现一个不一样的中山。

二是强调了书稿的本土性和原创性。越是民族的，越是世界的。中山是伟人故里，具有 800 多年的历史，人文丰盈、历史深厚、自然优美，可写可画的东西很多。有一句话说，世界不是缺少美，而是缺少发现美的眼睛。"Hello，中山"手绘漫画系列鼓励年轻的画家、作家去发现中山人都未必知道的中山，这激发了年轻人的热情。许多作者反馈回来的信息是，如果不是绘、写自己的家乡，还真不知道自己的家乡有这么美。

三是坚持内容为王。按照目前的出版方向，一是以行政区域为主题，二是选择可入画的中山题材。就拿行政区域这一主题来说，在执行的过程中，很容易做成官方宣传资料，这明显偏离了我们的初衷。凡是将官方资料堆积在书稿里，我们一律要求作者重新写。要用自己的语言来写自己可亲可爱的家乡。读者之所以喜爱这套图书，主要原因不仅是形式上活泼，还有就是内容上新颖。可读性成为重中之重。

四是安排了得力编辑专心打造。"Hello，中山"手绘漫画系列的前期指导作者的工作量超乎想象，原因无外乎：作者都是没有写书、编书、出书的经验，这样的问题那样的问题，时不时要编辑回答；对家乡的重点历史人文、传统文化等拿捏不准。我们专门安排了两位责任编辑来负责，随时随地指导好这一批年轻作者，以期共同做好这一套书。

同时，在排版设计上，紧紧跟随当下畅销书的风向标，大胆启用大腰封，力求与传统的装帧方式有所区别，以更贴近年轻人的心理要求。

五是着重打造品牌效应。一种品牌就是一种无形资产，我们立足中山将近6年时间了，一直强调品牌的影响力，也打造了一批诸如"中山客""廉洁中山""故事中山"等品牌图书，得到了读者的普遍认可。我想，品牌代表的是一种不可多得的美誉度、可信度，而这些才是真正的无价之宝。"Hello，中山"手绘漫画系列从一开始的策划就立足于品牌效应了，为此我们专门设计了这套书的Logo、函套，还有手提袋，甚至还有它们的衍生产品——明信片、T恤、茶杯等。目前，这套书的品牌效应慢慢凸显出来了，难能可贵。

出版是个小行业，而且我们是在中山这样的小地方做出版，难度可想而知。但是，文化是个大产业，前景一片光明。我们将按照广东人民出版社中山出版有限公司的出版宗旨——"香山承文脉，好书读百年"，全力把"Hello，中山"手绘漫画系列打造成品牌图书。

广东人民出版社中山出版有限公司总经理 | 何腾江

自　序｜岂一个"好"字了得

　　所谓"同声相应，同气相求"，一个地方是有独特气息的，这种气息吸引着与它有共同气息的人。大涌的独特气息是什么呢？红木家具当仁不让，自是热门话题。到大涌的人都有印象，在经过大涌牌坊后，目光旋即被成行成市的红木展厅所吸引，光一座红博城足以游览一整天。

　　红木家具博大精深，能工巧匠精雕细琢，大师力作美不胜收。从原木到成品，工序繁杂，精美绝伦的家具最终登堂入室，接受四海宾朋的赏鉴采购。

　　罗马不是一天建成的，大涌现在这般模样也绝非一朝半夕所致。长住此间，人会慢慢变得笃定随性，在红木、老街、祠堂、旧巷、荷花、小吃店间流连忘返。

　　岁月不居，白驹过隙。不知不觉，在大涌匆匆挥洒的青春，也有了独特的味道。我曾想，假如某天迷了路，我一定能够循着熟悉的气息回到大涌，回到那个红木如林的特色文化旅游小镇，看看那里的建筑，会会那里的人们。关于那里的一切，在岁月的磨洗下熠熠生辉，希望在本书的图文里一一复苏再现。

缘来如此奇妙。数年前初涉大涌，进入当地一家红木名企工作。那时我便隐隐觉得，倘若日后有机会，一定要写一本有关大涌之书。不曾料到，多年后居然梦想成真。

　　记得那是夏日午后，天气异常酷热，岐涌路红木一条街人来车往，颇为热闹，林立的红木展馆张灯结彩，分外壮观。我推开展馆大门，红木暗香扑面而来，桌椅台几、屏案床条，分门别类，一字排开，让人大开眼界，颇为震撼。

　　这家企业几乎无人不知、无人不晓，它的名字叫东成红木。东成红木董事长张锡复先生给了我施展才华的广阔平台，让我得以在大涌安身立命。一如既往，默默书写，默默等待，万般观感和千般情思均流露指间，倾于纸上，灵动飞扬。

　　"有一个地方叫做中国大涌，有一家企业叫做东成红木，有一群人叫做大涌人。"这是当时由我负责的某个宣传片的脚本开篇。说实话，大涌在中山并不十分起眼，却凭着红木家具产业和牛仔服装产业突飞猛进，在中山经济版图中占有一席之地，这不失为奇迹之一。

　　爱上一座城市是需要理由的，而我爱上大涌的理由首要一条便是红木。红木的内涵，只有红木人才知道。不少企业家便是工匠出身，对于细节有着近乎严苛的追求，正因如此，才成就了大涌红木的"江湖地位"。

后来，我离开了大涌，可依然关注着这座小镇，关注它的一举一动，因为我在这里有一份不舍的情结和记忆。念念不忘，必有回响，有红木就有人。2017年春夏之交，接到了撰写《Hello，大涌》的邀约，情感错综复杂，期待中有兴奋，激动中有忐忑。

大涌之于我，既熟悉又陌生。熟悉是指与之晨昏相处的时光，陌生是指它日新月异，一日千里。如何以温和清新、不落俗套的视角将之娓娓道来？我陷入了沉思。古人绘画讲究"胸有成竹"，我内心对大涌游历了一遍，反复推敲，自觉成熟了才动笔，很快便列出大纲，着手进行撰写，初稿如期完成。全书分为十四个章节，涵盖了美食、建筑、人物、民风、企业、古村落、经济、居民、历史、旅游等多方面内容，如同一部迷你版的大涌"小百科全书"。如在坊间走，如在画中游，大涌在心中，皆因百不同——

如果你爱山水，这里有风姿绰约的卓旗山、风情万种的卓旗山庄；

如果你爱美食，这里有传统美食小吃闻名遐迩；

如果你爱红木，这里有红木家具各擅其美；

如果你爱建筑，这里有古香古色的祠堂庙宇；

如果你爱民俗，这里有传统特色的婚庆习俗；

如果你爱逛街，这里有新兴坐标红博名城；

如果你爱远足，这里有诗意俯拾即是的赏荷佳处；

如果你爱民间，这里有寻常人家、民俗风情，生活日常历历如绘；

如果你爱牌坊，这里有大涌牌坊和安堂牌坊，像穿越时光，领会文史意味；

如果你爱寻幽，这里有工业旅游景点、红木名企、特色山水、安静村落，以及旅游新贵陆泉沙岛和张保仔公园。

大涌正极力打造红木旅游特色小镇。此书是我给大涌的献礼。尽管来得有点晚，却分外真挚，一字一句皆发自内心。读者倘若能够捧读这本手绘小书，由此出发，随着我在纸墨之间去寻找对大涌的美好记忆，那我便心满意足了。

管启富

2017 年 10 月

目 录

▼

Hello,

亲爱的 大涌

如果说大涌镇是一本书，那么和美山水是绕不过去的篇章。大涌似乎是惯于低调务实的干将，虽然偏安于中山西南部，但是地理位置优越，距离市区仅8公里，日益成为一串萦绕于江畔的耀眼明珠。令人艳羡不已的是，大涌拥有天然旖旎的自然风光，如同娴静多情的妙龄女郎，焕发出绝代姿色。

大涌地形独特，北邻沙溪横栏，东隔石岐河，与南区遥遥相望，南部与板芙镇接壤，西隔西江磨刀水道与江门市新会区相眺。总面积40.5平方公里，下辖9个居委会和2个村委会，户籍人口2.9万人，旅外乡亲3万多人。大涌以生产红木家具和牛仔服装闻名全国，是中山市具有区域特色经济的红木家具名镇，也是全国最大的红木家具生产基地。

所谓靠山吃山，靠水吃水。中山镇区林立，何以突显特色？大涌不急不躁，谋定后动，尽显自我芳华。改革开放以来，依靠一根木头和一台缝

◎ 大涌以生产红木家具和牛仔服装闻名全国

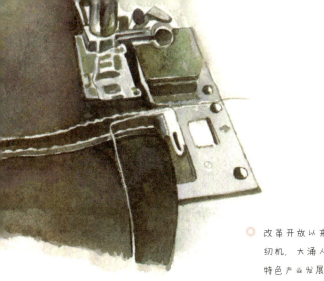

改革开放以来，依靠一台简陋的缝纫机，大涌人便能把牛仔服装这一特色产业发展得如火如荼

从选料订货到裁剪上机，大涌牛仔服装厂的员工凭着一丝不苟的工匠精神生产出客人满意的牛仔产品

纫机，大涌人神奇地演绎出红木家具与牛仔服装两大特色产业。好比能匠鲁班，又如巧手织女，这两大产业扛起了小镇的半壁江山，扬名海内外，并成为大涌的支柱产业。经过三十多年的发展，时至今日，大涌业已出现三大支柱产业：一是大涌牛仔，二是红木家具，三是旅游文化。

大涌好比一株参天大树，三大产业则如同三个枝杈，有力地撑起大涌经济的晴空。假使让历史重新选择一次，相信它会叹服于大涌人的智慧和果敢。站在光荣的历史长流中，回顾来时的路，风云激荡，生动地再现了大涌的发展历程，展现了其经济腾飞的点滴，或映出其前世今生的影子。

从一段官方资料记载中便可窥见一二。1987年2月，大涌镇人民政府成立；1987年7月5日，大涌镇医院举行落成典礼；1988年，大涌成为"亿元镇"，工农业总产值达到1.06亿元；1993年8月28日，105国道大涌支线即如今大涌牌坊至105国道路口路段竣工通车。从1994年6月18日大涌商会成立到2015年红博城、南华红木家具产业园、远扬红木家具批发市场等成立或投入使用，多个项目的投入和开发都在推动大涌经济的腾飞跃进。

至此，大涌经济发展的全新格局已然形成。"一镇二品"的专业镇依旧是大涌的金字招牌，即使放眼全国，也足以交出漂亮答卷。

◎ 大涌牛仔服装生产名企在品牌塑造
和产品制造上下足工夫

大涌牛仔方兴未艾

大涌的牛仔服装产业经过 20 世纪七十年代末以家庭作坊为主要经营模式的起步阶段以及八九十年代的成长阶段，现已发展成熟，形成了以牛仔服装生产为龙头的完整的产业结构。

大涌在品牌、设计、加工、技术等方面拥有巨大的产业优势，占有较高的市场份额，现已逐渐发展成中国牛仔服装的重要生产基地。近年来，大涌的牛仔服装产业规模不断扩大，建立了捻线、纺纱、浆染、织布、洗水、电脑绣花、印花、制衣、销售等一条龙的产业体系，助力全镇的经济发展。

大涌的牛仔服装产业也曾经历过波折，近几年来再次受到重视，大涌牛仔服的竞争力和知名度重新被唤起。大涌的牛仔生产名企在品牌塑造和产品制造上下足工夫，在国内外的服装展会上一展风采，焕发出新的生机。不少大涌其他行业的企业也开始把资金投向"牛仔服装"的新领域，共同打造"中国牛仔服装名镇"的金字招牌。

大涌红木厚积薄发

大涌是中国红木家具业发展的集散地、策源地之一。红木产业起源于 20 世纪 70 年代末，当时大涌一些有木工技术的村民把修水利中替换下来的坚硬如石的坤甸红木制作成传统家具出售，不料这些家具居然大受市场欢迎。精明务实的企业家便把握商机，群起兴业，以红木为龙头，攻其一点，陆续开发红木市场，描画出大涌红木发展的新美图卷。

大涌红木产业经历了家庭作坊生产阶段、标准厂房生产阶段和区域品牌经营阶段，经过多年的发展，已成为"中国红木雕刻艺术之乡"和"中国红木家具生产专业镇"。红木产业现在是大涌举足轻重的支柱产业，本土企业和外来的企业家联手抱团，呈现出日月同辉、和谐共赢的局面。

一花独放不是春，百花齐放春满园。大涌红木以开放包容之态、海纳百川之姿，终成"红木王者"，独具王者气象。

大涌旅游"喜新恋旧"

藏名山于小镇，蕴钟灵于毓秀。大涌之丰神远不止一个红木特色旅游小镇那么简单。久居此间的人们，除了可以亲身感受传统的卓旗山、古村牌坊、古祠堂和旧村落、赏荷胜地等天然风姿，还有机会一睹陆泉沙岛、红博城、红木一条街等新兴旅游佳处。目前，岐涌路红木雕刻精品街、新平路红木家具名店街等特色产业街也初具雏形，可望成为游客喜爱的逛游地。

大涌喜新恋旧，既保护文物古迹，亦讲究推陈出新，在充满人文情怀的书香余韵中，书写着小镇大爱。

小提示

大涌与沙溪两地旧时称隆都。古代的时候，香山是伶仃洋上的孤岛，卓旗山处于香山岛的西北侧。香山自南宋立县以来，大涌从属德庆乡、龙眼都、隆都、隆镇、第二区、西乡区、第十二区、沙溪区；1957年2月，从沙溪分出设置大涌乡；1958年8月改称先锋人民公社（以下简称公社），同年10月并入沙溪公社；1959年4月，又从沙溪分出，设置大涌人民公社；1961年8月，分成大涌、旗北两公社，同属沙溪区；1963年1月，大涌、旗北、沙溪、溪角四个公社合并为沙溪公社；1966年5月，从沙溪公社分出，称大涌公社；1983年11月，改称大涌区公所；1986年12月，改设为大涌镇。

大涌红木一条街上悬挂的各个红木
企业匾额，无不显示出大涌红木产
业百花齐放的局面

卓旗山下的花环

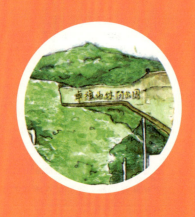

古人云："登山则情满于山，观海则意溢于海。"登卓旗山大抵要有豪情满怀之意，大有大的雄伟，小有小的妙处，全凭个人如何去品味。

卓旗山是隆都地区最高的山脉，其地理位置得天独厚，位于大涌镇中心地带，海拔约164米，面积约8平方公里。虽非名山大川，亦能登峰极目远眺，将千亩良田、万顷碧波以及西江之美尽收眼底，实为百姓登高望远、行山晨运的好去处。近年来，越来越多人喜欢上登山这种健康的活动，有独自徒步的，有结伴同行的。除了重阳节，就连普通的周末，卓旗山上也挤满登山爱好者。

卓旗山仿佛通天地灵性，虽比不上名山秀水，倒也生得一派玲珑，自有一副天然之姿。山上绿树成荫、山清水秀、鸟语花香，有"猪肝

◎ 卓旗山休闲公园是卓旗山下的旅游度假场
　　所，园内树木挺拔、碧水环绕，是百姓周末
　　休闲放松的胜地

卓旗山下的花环　　9

吊胆""十八涧"等特色景点，吸引了无数游客慕名前来观光。

卓旗山休闲公园是 1999 年兴建的，位于卓旗山下。公园交通方便，距中山城区约 20 分钟车程，并有公交车直达园内。园内树木挺拔、碧水环绕，小径通幽，流水潺潺，并建有泳池、钓鱼场、射箭场、烧烤场、度假屋等设施，是百姓周末休闲放松的胜地。

园内的泳池不大，不过足够供游人戏水。水面透着一股绿意，从中可窥见卓旗山的倒影。

度假屋适合一家人或者组团入住，前者有亲子气氛，后者则有团队氛围。当然一个人前往也无妨。里面设备一应俱全，住客享受着清新的山水之气，心旷神怡。

烧烤场自然是最受欢迎的。附近的工厂和学校经常组织员工和学生前来做活动。烧烤场场地挺大，烤具齐全，坐下来，一边欣赏风景，一边品尝烧烤美食，还能一边畅聊交流感情，实在是难得的享受。

◎ 周末，一家人驱车前往卓旗山公园闲逛游玩，感受园内的蓬勃生机和满眼绿意，不失为一种美好享受

○ 公园内的游泳池池水清凉，舒适怡人，很多
  家长喜欢带孩子前来戏水游玩，过一个放松
  身心的周末

　　到卓旗山游玩，建议入住鸣翠居酒店。这座酒店依山临水，清幽
惬意。由国外知名建筑师设计，遵循"人性空间、回归自然"的设计
理念。住进酒店，大有"久在樊笼里，复得返自然"的快感，如同进
入陶渊明所写的世外桃源。

　　在卓旗山休闲公园，可以度过绚丽多彩的一天。清晨，起床散步、
慢跑，呼吸山中清新的空气，然后约上三五知己喝咖啡、吃早餐，欣
赏怡人的风景。歇完，可去参加各种娱乐项目，如游泳、登山、射击、
钓鱼。卓旗山不算高，登山老少皆宜，到达山顶，出一身汗，心情舒畅。
射击就是纯粹的技术活了，运气好的话，可以中个十环；不脱靶的话，
打几个七八环也有可能哦！

钓鱼的乐趣全在于一个"钓"字，如果鱼很快上钩，反倒没了吸引。有经验的人往往会独坐树荫下，气定神闲，不知道为什么鱼就乖乖上钩了。我在这里见过一位50岁左右的大叔，钓鱼技术了得，一眨眼工夫，小桶里就装满了鱼。边上的年轻人叹服不已，纷纷向他请教，大叔谦逊说道："熟能生巧罢了。"

　　中午，约上左右邻居或三五好友，边烧烤边聊天，也是惬意的事。在青山绿水间，烧烤炉具一字排开，玉米、茄子、火腿、香肠、白菜、鸡翅等应有尽有。有经验的食客会带上孜然粉，防止烤焦，且能增添香气。旁边开火的人闻到香气，往往会前来请教烧烤技巧，其乐融融。因烧烤而结缘，也是美事一桩。

◎　挑个好天气和好心情，约上三五知己
　　前往卓旗山公园烧烤谈天，尝美食，
　　聊家常，倒也其乐融融

午休之后，倘若还有余暇，尽可以逛逛古董店。说是古董，其实严格来说多是红木制品。小叶紫檀手链、文房四宝、十二生肖木像、孙中山木雕等，都可以好好把玩，也可以收藏。

吃过晚饭，可以在露天酒吧里喝上一杯，还能结交到来自不同地方的朋友。来酒吧的年轻人居多，大家也易相处。互相碰杯，一起欢歌，偶尔一起做做游戏，颇为畅怀。

晚上的卓旗山庄则别有一番风味。入夜时分，躺在亭间的椅子上，望着天空浩瀚的繁星，感受来自山谷的清爽晚风，仿佛置身于仙境之中。即使白天无比困乏，也能在这里美美地睡上一觉，听见平日里听不见的声响，比如虫鸣、蝉声、落叶声，甚至是自己的心跳声。

在卓旗山顶，有一座不十分起眼的小建筑——将军庙。从山脚到这座庙约半个小时，上山的路也多。大涌的村子均依卓旗山而建，从南村、岚田、青岗、叠石等村子择路上山，比较安全和顺畅。

据说，上百年前，卓旗山顶上已有一座"将军府"，为纪念古代一位英勇的将军而建，他为剿灭盘踞于卓旗山一带的毛贼而英勇就义。20世纪80年代后，村民将其重建，以水泥铺面，面积约6平方米，庙前有约10平方米空地，边上布置有大块石条，供登山人士歇脚、休憩、赏景、纳凉。

将军庙

庙外两边柱子上刻有一副对联，上联是"精忠昭日月，万代颂英雄"，下联是"义勇贯乾坤，行业呼俊杰"。庙内摆放着一尊古代将军陶像，栩栩如生，做工精致。陶像高约 50 厘米，近旁设有案台、香炉等。庙不大，但香火鼎盛，虔诚的村民还在案台上放置了时鲜水果、糖果等供奉。

岁月流逝，将军庙并没有被人们遗忘，到卓旗山登高的人总会到庙中参拜，祈求事事顺意。

怎么去　　从大涌镇政府站乘坐 056 路外环（坐 16 站）到卓旗山公园总站下；或乘坐 048 路（坐 3 站）到大涌客运站总站，转乘 056 路内环（坐 12 站）到卓旗山公园总站下。

赏荷佳处 自有荷香

大涌的盛夏，有十里荷花三秋桂子，教人流连不已。

起初我不知大涌竟有此赏荷佳处。有次跟朋友去办事，回来时走累了，就想抄近路，谁知穿过七拐八拐的街巷，竟搞丢了方向。正发愁之际，一阵清风带着香气飘来，一池荷花映入眼帘。想不到小巷深处竟有这般美丽的荷花，顿时让人精神起来。

刚巧一位老伯经过，连忙向他打听，他说此地是青岗荷花池。

青岗荷花池位于青岗社区洪圣殿前广场，据说周边还有青岗古村巷、黄氏大宗祠、碉楼、洪圣殿等古庙宇以及卓旗山等风光美景。

青岗荷花似乎是野生放养，充满无拘无束的趣味。荷花池跟田地相邻，自生自华。坐在池畔，望着起伏的绿波，心情舒畅，不禁吟诵起南宋诗人杨万里的咏荷佳作："接天莲叶无穷碧，映日荷花别样红。"

◎ 大涌的寻常巷陌尽头可见清新脱俗的荷花

如果说青岗荷花池的味道在于一个"野"字，那么南文荷花池就胜在"雅"。

　　雅从何来？一则南文荷花池位于南文社区景运巷。这里建筑古旧，颇有旧时风貌，令人好生喜爱；二则附近有南文社区古街巷、萧氏大宗祠、龙王庙等古庙宇、南文蠔墙等景点，沿途风光动人。

◎ 赏完青岗荷花池，带着舒畅的心情，也可以到青岗白蕉围升旗楼感受另一番景象

北宋词人秦观写杭州荷花："羌管弄晴，菱歌泛夜，嬉嬉钓叟莲娃。千骑拥高牙。乘醉听箫鼓，吟赏烟霞。异日图将好景，归去凤池夸。"这里不及杭州那般壮观繁华，却也自有一种清新脱俗。

此时节，赏荷人不多，更能发现荷花的妙处。击节拍掌，荷花纹丝不动，那种凌波仙子的功力可不是随便修就的。屏息凝神，朵朵莲花如同观音的化身，立在池中，用净水瓶为人间送去清凉与甘甜。赏荷之际，我想起了李白的《子夜吴歌》："镜湖三百里，菡萏发荷花。五月西施采，人看隘若耶。回舟不待月，归去越王家。" 这般意境太美了！

◎ 别说爱荷之人会沉醉其中，就连不懂事的
　小屁孩也会被这红绿相间的荷花池给深深
　吸引住

◎ 走近荷花池，一只只蜻蜓在荷花上飞来飞去，一会儿落在叶子上，一会儿停在花苞上

　　赏完青岗和南文荷池，便去寻觅传说中的涌芙路荷花池，此为第三赏荷佳处。它位于涌芙路和板芙板尾村交界路段。令人意外的是，沿途还有千余亩细叶紫薇等花卉苗木开放生长的美景。

　　青岗荷野，南文荷雅，涌芙荷当一个"静"字可形容。心静则荷定，花净则花洁。唐代诗人王昌龄《采莲曲》中的"荷叶罗裙一色裁，芙蓉向脸两边开。乱入池中看不见，闻歌始觉有人来"，是一段采莲佳话。读罢，让人仿佛看见了几名妙衣村姑从莲花深处起身，惊起了游鱼，更有路人自然地抬起一张张俊脸，上面挂着笑意与汗珠，不是芙蓉，胜似芙蓉。我想，这番景象，到涌芙路荷花池也可寻获。

◎ 心静则荷定，花净则花洁，著
名的"孙文莲"想必也如这般
纯洁无瑕，清新诱人

　　据说大涌还有一款名荷唤作"孙文莲"。珍贵的"孙文莲"曾经
亮相于 2016 年荷花文化旅游节。清末，孙中山先生在日本参加革命
活动，得到日本友人田中隆的鼎力相助。1918 年 5 月，孙中山先生
访日期间，将四颗代表纯洁友谊的莲子送给田中隆，以感谢他对中
国革命的支持和帮助。田中隆先生病逝后，他的后人将这四颗莲子
交给植物学家进行栽培，结果其中一颗发出新芽，于是就将其取名"孙
文莲"。

小提示 ▶

荷花，又名莲花、水芙蓉等，属睡莲目，莲科多年生水生草本花卉。花期是6月至9月，花瓣多数，嵌生在花托穴内，有红、粉红、白、紫等色，或有彩纹、镶边。荷花的种类很多，分观赏和食用两大类。原产自亚洲热带和温带地区，我国早在周朝就有栽培记载。

荷花全身皆为宝，藕和莲子均能食用，莲子、根茎、藕节、荷叶、花及种子的胚芽等都可入药。荷花不仅适合观赏，而且有一定的药用价值。它具有化瘀止痛、消风祛湿、清心凉血、生津止渴等功效。现代药理研究也发现，荷花中含有槲皮素、木樨草素、异槲皮苷、山柰酚等。将荷花做成食物，不仅味道鲜美，而且可以预防和治疗各种出血性疾病、失眠多梦、口渴心烦等。

荷叶同样具有一定的药用价值。鲜嫩碧绿的荷叶用开水烫一下，再用凉水漂洗一下，用来包鸡、包肉，蒸后食之，风味别致，是上等佳肴。采用上等大米，加上虾肉、叉烧肉、鸭肉、鸡蛋、香菇等共同蒸煮，可制成鲜香的荷叶饭。盛夏之时，用鲜荷叶煮粥或煮茶食之，还能防止中暑，有清心消暑的功效。

怎么去

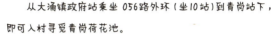

从大涌镇政府站乘坐056路外环（坐10站）到青岗站下，即可入村寻觅青岗荷花池。

新岛，新园，新风景

◎ 看着红红的花儿，骑在长长的绿道上，感受凉凉的微风，着实为一番美好享受

　　大涌定位为广东省文化旅游小镇，以红博城为核心，依托"两江"（岐江、西江）、"一山"（卓旗山）、"一岛"（陆泉沙岛）的自然资源，并将安堂古村落、古祠堂、南文蚝壳墙等散落的"珍珠"串起来，加上宁静的水乡、古朴的村落、沧桑的老街，形成独具特色与岭南风情及香山文化的大涌文化景区，其中的"新贵"陆泉沙岛尤为引人瞩目。

大涌陆泉沙岛

　　说起大涌西江上的陆泉沙岛，便不能不提他的主人林婉明。林婉明是大涌镇安堂人，从2010年起，先后投入上千万元改造陆泉荒岛，使之成为当代的桃花源。

　　岛主林婉明与农业结缘，至今不足十年，但他投资农业的胆识颇为人惊叹。

他出生于大涌农村一个普通家庭,当兵退伍后一直经营制衣业和装饰业。虽然干着别的行业,但他的心里一直有个生态农业梦,想在农业里打出自己一片天地。2005年年初,在大涌镇农业部门的支持下,他首次投资涉足农业,在大涌镇安堂村租了1000亩种植水稻,成为当年中山市最大的种粮户。

　　虽说是第一次种田,但林婉明还是很放心,因为大涌镇农业部门十分重视种植大户,派出专门技术人员指导跟踪服务,帮助解决各种问题。后来,他还扩大投入,除了水稻外,还种植木瓜、花木等,取得不错的收成。

◎　由于陆泉沙岛不通陆路,得去到大
　　涌防汛站附近码头坐船前往。坐快
　　艇的话,很快便能到达

有一次，林婉明来到陆泉岛。他发现，除了基础设施差，陆泉土地肥沃、自然环境得天独厚。于是，林婉明先签订了5年合同，准备种植水稻和马铃薯。

为了方便机械化耕作和水土保存，他找来推土机将原来落差两三米的土地推平，还把全岛四周的堤坝加高加固至三米多，防御洪水的能力达到百年一遇。除了养殖，他还把全岛建成为中山著名的农业观光旅游景点，让中山市民有机会到岛上品尝无污染的农业产品，同时游乐玩耍。

◎　岛心耸立着一座三层高的废旧碉楼，下面铺
满荒草，与生机勃勃的稻海相依相偎

经过几年的改造，陆泉沙岛如今已是阡陌纵横、水松参天，鱼塘波光淋漓，稻田规整划一。远望陆泉沙岛，形似一艘航母，中间的碉楼是塔台，稻田是天然跑道，四边环水是难得的景观。每逢周末，前来观光骑行的游客甚多，分外热闹。长长的绿道，悠悠的情缘，在陆泉沙岛上蔓延开来。

岛心矗立着一座三层高的废旧碉楼，方正独立，下面长满荒草，与生机勃勃的稻海相依相偎，颇像一位世外高人。

陆泉沙岛不通陆路，游人要到大涌防汛站附近的码头坐船前往。坐快艇的话，很快便可到达。

登上陆泉沙岛码头，迎面是一大片香蕉林和宽约4米的环岛水泥路。几口大鱼塘分布其中，不时有白鹭从稻田和鱼塘上空悄然滑过，稻田和鱼塘周围种植着各式蔬菜作物。刚收割起来的稻谷铺晒于长方形的通道上，远观如金黄色布匹，蔚为壮观。池塘中手腕粗的鱼儿，露着黑色的后背，成群结

◎ 两三青春少女衣着时尚，摆出各种
  美妙造型，以蓝天稻海作背景，任
  由青春飞扬

队嬉戏游弋，不时激起水花。散落堤岸边的香蕉、木瓜等水果，正开始成熟，和着西江的风，飘出悠悠果香，令人陶醉。

在宽广的路上，可骑上自行车，与三五知心闲话家常。路上，我邂逅了两三青春少女，她们衣着时尚，摆出各种美妙造型，以蓝天稻海作背景，留下青春飞扬的丽影。两位美女交换着帽子，神情无比专注，仿佛是从水稻田里长出的两枝庄稼，只是一枝是粉红色的，一枝是浅绿色的。

突然，她们同时将帽子抛向高空，举头仰望，看帽子在空中翻飞，又同时伸手去接，当帽子稳稳当当落在手掌时，两人相视大笑。她们完全融入到无边春色之中，惊飞了欲落枝的一只白鸟。

桑葚盈满枝头，像娇艳欲滴的樱桃小嘴，迎来了城里的孩子们。他们在城里长大，看到这般情景，自然是无比惊奇。得此亲子周末游，深入田间地头，体验一番日常餐桌上的果蔬来历，比看电视和书本都来得生动形象。身上黑白相间的广西巴马香猪惹得孩子纷纷上前观看。这些外来的"二师兄"一点儿也不怕生，似乎在拿出看家本领，讨游客们欢心，跟孩子们闹得欢腾。

"江上往来人，但爱鲈鱼美。君看一叶舟，出没风波里。"陆泉沙岛中央是天然的晒谷场，盛夏时节可晒稻谷。当岛中央铺满稻谷时，全岛壮观如黄金岛屿。

陆泉沙岛的景观还有碉楼榕荫水上农家、芦苇荡漾野钓天堂。

除了美景和可爱的小动物，这里还有许多原生态美食，如高质量的绿色鸭稻米、香气十足的巴马香猪和肉质结实、味道鲜美的西江鱼。

据说，陆泉沙大米是喝西江水成长的纯天然食品，整个生产过程均按照无公害农产品生产标准种植，加上严格按照绿色食品规范生产，无任何添加剂，是大米中的极品。在 2016 年 9 月 13 日喜获"国家绿

怎么去

1. 从大涌人民政府方向到陆泉沙岛：从德政路一直往古神公路方向行驶，到中新路与古神公路十字路口时左转，沿着古神公路往板芙的方向继续行驶大约200米，见横河水闸指示牌后右转，300米后看到大涌防汛站即可停车，乘坐渡船到达陆泉沙岛。

2. 从大涌叠石方向到陆泉沙岛：从叠石方向直走穿过古神公路，经过"大盆渔"后道路尽头左转，沿着西江边继续行驶约3公里，看到大涌防汛站即可停车，乘坐渡船到达陆泉沙岛。

色食品"称号。

吃起来，口感粘而不腻，味道醇香，绵软而有弹性，色泽洁白、透明润泽，凉饭不返生，有一股天然的清香。

张保仔公园

在大涌红博城东北侧、隆都里东出口，有一个张保仔公园，是红博城里新开辟的公园。公园占地数百平方米，砌有山崖、流水、小桥、山洞、凉亭、张保仔夫妻雕塑等景观，其中一个山洞旁还有一个藏宝洞，传说与张保仔有关。据说，张保仔当年在每个藏宝点都留下了藏宝诗，但是这些藏宝诗大多随着手抄本的失传而难觅踪迹。

张保仔公园是纪念两百多年前世界上规模最大的海盗组织红旗帮及其首领张保仔、郑一嫂的事迹。坊间最津津乐道的是他"一半是匪徒，一半是英雄"的故事。

说起海盗，也许大家首先想到的是近几年走红的电影《加勒比海盗》，或历史书上记载的北欧海盗，但很少人会想到，在实行闭关锁国政策的清朝居然会出现一支规模庞大的海盗。

张保仔，原名保，别名宝，为清嘉庆年间大海盗。后被

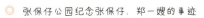

○ 张保仔公园纪念张保仔、郑一嫂的事迹

清政府招安，官至福建闽安副将。《南洋华侨通史》中记载，张保仔为新会人，出生于渔民家庭。15岁那年，随父出海捕鱼，被海盗红旗帮郑一掳去，从此上了贼船。郑一赏识他年少聪敏，令其跟随左右。不久，收其为义子，升为头目。清嘉庆十二年（1807年），郑一在一场台风中被吹落海溺死。

郑一妻子石氏，人称郑一嫂，便成为红旗帮的首领。郑一嫂对张保仔有感情，又很欣赏他的才干，命他自领一队盗船。张保仔当了领队后，对部属约法三章，严明军纪，因而得到沿海村民接济，粮食火药充足。

张保仔的劫掠对象以过往官船、洋船为主，清政府多次派兵围剿，均遭失败。清嘉庆十四年（1809年），张百龄出任两广总督，采用断绝粮食、杜绝接济、禁船出海、令其自毙的办法对付张保仔。张保仔和郑一嫂感到形势不利，亦认识到长做海盗终非良策，于是渐萌投诚之念。澳门医生周飞鸿（与张保仔原有深交）受张百龄之命对其劝降时，张保仔和郑一嫂当即表示愿意投诚。

后来，张百龄亲临香山，张保仔不仅向清廷献出了所有的战船，还包括40万太平饷、3万余兵器以及1600名难民。归降后的张保仔获得"千总"官衔。后来张保仔

○ 张保仔公园的这对雕塑就是张保仔和郑一嫂，人物形态刻画得栩栩如生

诱擒麦有金于儋州，以功再擢升为"守备"。张保仔之乱终于彻底平定。张保仔与郑一嫂结为夫妇。

　　游玩红博城之余，不妨来这个张保仔公园体验一番侠盗迷情吧。从大涌镇政府走约 310 米到旗山路东站，乘坐 057 路（坐 3 站）、010 路（坐 3 站）到大涌红博城站下，张保仔公园就在红博城内。

安堂牌坊下的时光

大涌古旧巍峨的牌坊不少，除了刚进入大涌地界的大涌牌坊外，还有知名的安堂牌坊。这些牌坊形成了独具特色的风景线，让大涌披上了一层历史传统与现代生活完美融合的外套。

　　安堂牌坊充满古旧气息、富含历史底蕴，大涌牌坊则充满现代气息，指示性更强。我印象最深刻的还是雕刻精细、做工精良的安堂牌坊。

　　大涌牌坊整体呈现现代感十足的红黄色调，翘起的檐角向左右延伸，两根四方柱子足以支撑起整座牌坊，显得敦厚踏实。经过大涌牌坊，仿佛进入了红木世界，各种红木商铺沿街而建，红木家具琳琅满目，让人眼花缭乱。

◎　大涌牌坊位于岐涌路，经过牌坊，仿佛进入另一个喧闹的
　　世界，眼前所见都是各种红木家具企业

古香古色的安堂牌坊

安堂牌坊位于大涌镇安堂村，据记载，该牌坊建于清同治五年（1866年），为四柱三间通天式牌坊，以花岗石雕凿构筑，高7米。坊上正、背面额正中竖刻"圣旨"二字。正面主间横匾已用水泥覆盖，改为"安堂"二字，正面左右横匾横刻"山高"和"水长"。中柱对联刻有"恩锡紫辰龙腾角海川方室，诏来丹陛桂挺旗山民永贞"。

背面主间横匾刻"百岁流芳"四字，上款"同治五年岁次丙寅"，下款"寿民林恭丕立"。背面左右横匾刻"日升"和"月恒"。中柱对联刻"宠自天申南极流光齐角亢，荣增台耀西河纪盛颂冈陵"。牌坊柱下镶嵌抱鼓石，石板上有人物花卉雕刻。可喜的是，现今仍保存完好，实乃幸事。

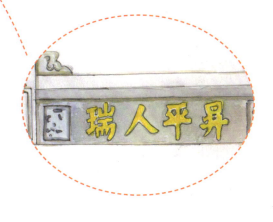

◎ 正面横匾刻有"升平人瑞"四字，寓意当地歌舞升平，百姓长寿

穿过牌坊，走进寻常小巷，可以见到不少青砖素瓦下农家院落的美丽身影。为了写作本书，我又特意带上相机走了一次。安堂祠堂正在翻新，砖雕被刷成白色，青砖外墙是新画上去的。看到这里，我不禁有一丝心疼。这里的老房子拆一间就少一间，村民就是重建，也不会建那种老房子了。大涌镇这些年变化太快，村民对老旧的东西不大留恋和爱惜。

　　跟安堂村以安堂牌坊闻名不同，大涌镇岚田村以岚田遗址著称。岚田遗址属沙丘遗址。该遗址面积约 6000 平方米，分三个文化层：第一层出土明清时期遗物，第二层出土宋代遗物，第三层出土新石器晚期遗物。出土遗物全属陶瓷器类，有夹砂陶、泥质陶和青瓷。形制有侈口、高领和卷唇、敞口、圆腹、直身罐釜等，纹饰丰富多样，有绳纹、曲折纹、菱形纹等。这些出土文物说明大涌历史悠久。

◎　大涌老街一景

○ 林德泉手书的"卓山书院"石匾

　　巧合的是，卓山书院（即现在的卓山中学）正好位于大涌安堂村
与岚田村交界。据《香山县志》记载：卓山书院在大涌大岚两乡间，
清同治元年（1862 年）乡绅林德泉倡建。原书院的建筑已拆毁，现仅
保存有当年书院的一对抱鼓石和石级以及一个水井。卓山书院的石匾
额镶嵌在礼堂上，石匾长 3.9 米，宽 77 厘米，用楷书阳刻而成。

　　150 多年前，安堂乡绅林德泉组织十乡先贤 20 人集资兴建卓山书
院，如今只留下创办人林德泉手书的"卓山书院"石匾。十年树木，
百年树人。古书院已易名为现代中学，重文兴教传统一脉相承，为大
涌本地学子提供了就学机会。

　　大涌最为人称道的是每年举行的对联大赛，业已成为当地一张文
化名片。征联发布后，全国应者如云，彰显了一个小镇的大度和容量。
征联雅集是为大涌添彩增光的一步妙棋，它的影响力与日俱增。

祠堂深处
有回声

○ 在这些形式各异、大大小小的祠堂中，历史最悠久的
莫过于双桂堂

　　走过寂静古巷，一块块晶莹的鹅卵石将寻访者的脚步引往古老的
祠堂。脱落了门牙的大门敞开着，无精打采的残垣断壁慵懒地守卫着
荒芜院落，几条棘藤孤独地缠绕着古树。这就是大涌的祠堂。

　　在大涌，祠堂是村民"把根留住"的重要见证。幽深、庄重、威严，
是大涌祠堂给我的感受，在众多的祠堂逐渐被现代建筑取代之后，这
种熟悉的感觉仍然没有消弭。

　　祠堂的原有功能是用于祭祀，也有刚开始是独立的房舍，后来将
同姓族人集中到一起，成为融祭祀与居住于一体之说。现在中山保留
下来的祠堂越来越少，仅有的祠堂也孤独零星地陷入高楼的包围之中。

　　大涌镇安堂村有常住居民七千余人，其中以林姓人家为主。镇内
有不少形式各异、大大小小的祠堂，形成了特色鲜明的祠堂群落。历
史最悠久的是双桂堂，已有 360 多年的历史。

　　据《林氏族谱》及《香山县志》记载，安堂村始建于明洪武初年
（1368 年），因成村于龙眼田边，初名龙兴村，寓意兴旺发达。明代

新会大文豪陈白沙游历到此，村民求赐村名，见村处"明堂"广浩，盼村民生活安定，故改称安堂。安堂立村至今 640 多年间，名人辈出，留下了不少老建筑，其中林氏宗祠（双桂堂）、大觉古寺最为出名。

双桂堂约占地一亩，建筑为硬山顶，穿斗与抬梁式构架，梁架上有精雕细刻的图案。双桂堂三间三进。第一进的柱廊前墙以花岗岩石

◎ 祠堂上挂在一幅醒目的肖像，此人一副文官装扮，相
  传正是林氏先祖、历史上有名的忠臣比干

作墙脚，木门、门枕及两侧门口的石狮相当考究。第二进的门廊上悬挂着醒目的灯笼，整齐摆放了木桌椅。第三进是祠堂中心，张挂着比干先祖肖像以及双桂堂内历代先祖的姓名。

○ 宗祠正堂挂着的"十德图"，即为纪念林披公九子一
婿均科举高中拜官盛事而绘制的

　　在双桂堂正中挂有"十德图"。传说唐朝末期，林姓高祖林披公
居福建莆田，生九子一女，有"九子十登科"的美誉，朝廷追封他为
睦州刺史。其子皆成为唐朝命官，官至刺史、府史不等。唯有其女婿
三次赴考均落第。一天林太夫人把裙褂挂在门楣上，叫女婿经此门而

入。之后，女婿果然高中。这个传说似乎带有迷信色彩，但从中可见林家激励子弟从仕的强烈愿望。安堂村林氏宗祠正堂挂着的"十德图"，即为纪念林披公九子一婿均科举高中拜官盛事而绘制的。林披公第六子允文公的子孙玄兴祖到了大涌安堂定居，并在这里开枝散叶。双桂堂就是为了纪念玄兴祖而建的。

目前，双桂堂还存有一副对联："松木公，椒木叔，木木成林皆公叔；崇山宗，岐山支，山山叠出亦宗支。"据说这是清道光十五年（1835年），状元林召棠回家省亲时为林姓宗祠撰写的。

村内最多时有二十多间祠堂，所有祠堂都是林姓子孙兴建的。最大最早的祠堂是十德堂，规模是双桂堂的数倍，可惜已被烧毁。目前存有的十多间祠堂是为了纪念麦峰、处善、玉湾、爱月、养静、居易、星池、正己、南圃、碧宇、乐隐、映宸先祖等兴建的。

门梁上的精美木雕以及各式图案似乎都在诉说这那些远去的烟波。木雕的花纹多是有寓意的吉祥物图案，如鹿（俸禄）、石榴（多子多福）、牡丹（荣华富贵）、

马上有猴（寓意马上封侯）、梅花、喜鹊、麒麟等。图案则色彩明丽，栩栩如生，构成一幅幅韵味浓郁的历史画卷。

小时候，我总是喜欢和小伙伴一起在祠堂里玩耍。我们年少无知，感受不到属于祠堂的那份庄严和肃穆。每次推开古朴而厚重的木门时总能听到吱吱呀呀的响声。现在长大了，才开始了解祠堂背后所蕴含的历史意义。

眼下，大涌祠堂陆续老去，但依然坚强屹立，仿佛向后人传送来自历史深处的回声。

味蕾上的大涌

所谓民以食为天。坊间有言："吃在中山，食在隆都。"隆都原是香山县（现中山市）一个行政区域的名称，始自南宋，现在的沙溪、大涌两镇是其主要构成部分。从饮食传统来说，沙溪、大涌的本土菜都可统称为隆都菜。

　　大涌汇聚颇多地道美食，随处可见，随时可吃，在大涌越久，便越能体会到来自味蕾的快感。来到大涌，"四大名菜"和"两大名点"不可错过，名字也取得颇有文艺范儿。

◎　白切鸡是具有隆都特色的菜肴之一，肉质爽滑，鸡皮冰镇不腻，入喉顺滑，让人欲罢不能

酸甜咕噜肉被誉为大涌美食界的"小清新"。酸甜咕噜肉又叫"古老肉"，从清代开始流传。当时在广州的许多外国人都非常喜欢吃中国菜，尤其糖醋排骨，但吃的时候不习惯吐骨。厨师便想到用出骨的精肉加调料与淀粉拌和，制成一个个大肉丸，放进油锅炸炸至酥脆，最后粘上糖醋卤汁，吃起来又酸又甜，口感不错，很受中外游客喜爱。之后，这道菜便成了招牌菜，到大涌寻味的食客必点。外国人发音不准，常把"古老肉"叫做"咕噜肉"，因为吃时有弹性，嚼肉时有"咯咯"声，故长期以来这两种称法并存。

◎ 酸甜咕噜肉在制作时加入了糖醋卤汁，吃起来更加开胃，且没有骨头，口感更好

◎ 大涌家乡宝鸭香味浓郁，鸭肉外脆内嫩，让人越吃越有食欲，就着白饭吃更为满足

◎ 晒酱五花肉看起来鲜亮红润，汁多味浓，酱香十足，是经典的下饭菜

　　家乡宝鸭被誉为大涌美食"至尊宝"，又名"霸王鸭"。这名字总让人想起电影《大话西游之月光宝盒》里周星驰饰演的"至尊宝"角色。清代中期的烹饪书《调鼎集》中记载了八宝鸭这道菜，做法是将鸭切成方块与八宝料合烧，色香味俱全。大涌出品的家乡宝鸭，鸭肉红润，香味浓郁，外脆内嫩，爽口无比，吃后齿颊留香，回味无穷。

　　晒酱五花肉所用的酱油是用天然原料制成的。用晒酱蒸五花肉，可去掉肥肉的油脂，保证了出品香浓而不腻。此肉酱香浓郁，味道鲜美，是大涌人经典的下饭菜，往往让人在不经意间多吃了好几碗白饭。

子姜焖鸭是一款经典的粤菜。每当子姜上市的时候，大涌人喜欢用鲜嫩的子姜焖制鸡、鸭、鹅等。子姜可以去除肉的腥味，又可以增加香气，而且子姜肉质比较嫩，吃起来爽口鲜滑，还有温胃止呕、促进食欲的功效。喜欢酸甜口感的，可以多蘸取酸梅酱，酸甜滋味，诱人食欲。喜欢咸香口感的，可以蘸取香酱，也很美味哟！

　　大涌食客非常讲究大菜必有点心，不秘传的谓之"心水"，有两款精致点心不能不说。一种是小吃田艾饼，用田间采摘回来的艾草揭汁，混入糯米粉中揉成团，然后包入花生碎、白芝麻、白糖做的馅，垫上芭蕉叶蒸熟即可。田艾饼翠绿晶莹，刚出炉就能闻到扑鼻的香味，吃起来软黏香滑，老人小孩都很适合食用。

　　第二种是名点寿桃包。寿桃包属于莲蓉包的一种，模仿桃的形状制成，多用于寿宴。百姓常说其吃起来有"桃味"，看起来有桃形，寓意长寿，是吉兆的民间美食。

◎　寿桃包一出炉，香气四溢，吃起来软绵十足，还有阵阵"桃香"

　　除了大菜名点，大涌还有许多地道小吃。在大涌逛游一圈，不少游客都能发现，大涌餐饮走的是小家闺秀的风格，很少气派轩昂的大酒楼，也不多卖相浮夸的精致菜式，最多的是价格亲民的餐馆和重推的隆都菜式。因此，高手往往在民间，而美食往往在巷里。想要吃到地道的大涌美食，必须敢于深入村头巷尾、走街串巷，方能寻觅得到。

　　说到点心，大涌的金吒也是代表之一，以口感黏糯香软的特点深受人们喜爱。金吒以澄面、生粉、水、猪油、精盐拌匀搓皮，以叉烧、瘦肉、香菇、笋、鲜虾配以生抽、白糖、蚝油等调味品为馅料，经精心包制而成。金吒的包制要求满而不实，形似榄核，摇有声响，而馅

◎ 安西酒楼出品的家乡扣肉、白切鸡、
子姜焖鸭等菜肴十分地道，一直为大
涌吃货和邻近镇区的美食爱好者称道

料就要剁得细。

金吒这个名称的由来，还有一个古老的故事。传说，封神榜上有个托塔天王，即金吒、木吒、哪吒之父。父子们都持有神奇独特的兵器。金吒使用的是一件两头尖、中间椭圆、形状奇怪的兵器。后来有人用米粉仿其武器形状捏制成粉果，就以"金吒"名之。也有一说，金吒粉果原本无名，过去因有一学徒学做金吒，搓来捏去都做不好，师傅在旁边教他，边说边做手势示范，用中山方言讲："揸，甘揸（谐音金吒），甘样揸，吾系揸成甘样呀！"

金吒的吃法很讲究，需要从尖端吃起，到肉馅时，先吮一口油香再吃肉，不然，急急忙忙一口咬下去，油沫便会四溅开来。

◎ 冰镇爽滑的白切鸡

　　位于安堂社区的安西酒楼以及安北酒楼，背靠古色风香的安堂古村落。在这里，能尝到最具隆都特色的家乡扣肉、白切鸡、子姜焖鸭等"隆都三宝"，名声远扬，一直为大涌吃货称道。

　　大涌的竹升牛腩面同样是广受欢迎的特色美食。面条爽口弹牙，牛腩肉质弹性十足，香气浓郁。上汤是用牛骨牛肉熬制而成的，鲜香美味，令人欲罢不能。

　　大涌本地人制作的蕉蕾鱼蓉粥清香异常。粥品略带鲜甜，其独特的药用价值颇受人们热捧。蕉蕾含有糖类、维生素和矿物质等营养素，有开胃消滞、清热降脂的效果，还有减肥降压的作用。蕉蕾丝切得很细，经过特殊处理后，食用起来没有任何苦涩味。一碗飘香的蕉蕾粥，弥漫着一股朴实而亲切的乡土风情。

　　隆都传统饮食习俗在民间代代相传，大涌人喜欢用自家种养的五谷、蔬果、牲畜等食材，制成独具乡土特色和文化气息的传统饮食，如年糕、芦蔸粽、三稔包等，都是很有传统味道的民间美食。

家常扣肉

材料：五花肉（肥瘦参半）300克、豆芽菜200克。

辅料：糖色15克、生抽10克、老抽10克、胡椒2克、料酒15克、味精2克。

做法：

1. 将五花肉洗净，在沸水中过一下，洗去浮沫。

2. 豆芽菜洗净后控干水分。

3. 锅内倒油，烧至六成热，放入五花肉，炸成金黄后捞出。

4. 五花肉切成厚片装入碗中，上面加适量豆芽菜，压匀。

5. 将码好的五花肉放入蒸锅中，淋入用糖色、生抽、老抽、胡椒、料酒、味精调拌均匀的汁。

6. 用大火蒸1个小时后取出，倒扣在盘中，撒上香菜装饰即可。

家常白切鸡

材料：鲜鸡1只。

辅料：姜片适量、葱花少许、生抽少许。

做法：

1. 将新鲜的鸡洗干净。

2. 锅中加入适量清水和姜片一起煮沸。

3. 把鲜鸡放入锅中，水一定要能把整只鸡浸泡，再用筷子夹起并倒出鸡肚里面的水，再重新放入锅中，开大火煮5分钟。

4. 期间用筷子翻动整只鸡，确保鸡的每一面都受热。

5. 关火，盖上锅盖，闷10分钟。

6. 准备一盆水，并加入冰块。捞起鸡浸泡在冰水里，加上冰块，这样浸泡10—20分钟。

7. 准备酱料，把姜片切成姜蓉，加入生抽、葱花，把烧热的油倒在生抽姜蓉里面，搅匀即可。

8. 取泡好的鸡斩件摆好，蘸取酱料食用即可。

田艾饼

材料：田艾叶100克、糯米粉500克。

辅料：芝麻、花生、冬瓜糖、花生油、白糖各适量。

做法：

1. 把田艾叶打碎呈绒丝状，然后用水洗干净后，放在锅里加清水煮至沸腾。

2. 把糯米粉放在大盆里，把煮开的田艾水与糯米粉搅拌起来（注意，田艾叶水一定要在沸腾的状态下与糯米粉搅拌，这是保证饼皮做出来保持嚼劲弹性的重要步骤）。

3. 将花生、芝麻打碎，最好打成粗颗粒状（更有口感），然后将冬瓜糖切成小粒。

4. 到了搓面团的时间，这里大概要花1个小时。越用力搓揉，时间越久，糯米的韧性就越好，做出来的口感就更好。

5. 揉好面团后，切成数个大小相同的小团，待用。

6. 把花生芝麻碎、冬瓜糖放在炒锅里，倒入花生油炒至香味浓郁，倒入白糖炒匀，即可盛出晾凉。

7. 把小团压扁，尽量做得薄点，然后勺上馅料放进去，用手将面团封口。

8. 入蒸锅蒸20分钟即可食用。

提示：不喜欢吃甜的话，也可以加入冬菇碎、瘦肉碎等咸香的馅料，同样美味可口。但是，消化不良、脾胃虚弱的老人和小孩不宜食用过多。

至淡至浓的民风

在大涌住久了，发觉这里的吃穿住用、婚丧嫁娶颇有特点。考察一个地方的民风，最好就是从民俗入手，了解得越多，便越能勾起人们往下挖掘的兴趣。至淡则至浓，民风纯朴无华，大涌的形象就这样立体起来。

崇尚美食，追求美味

说到大涌的吃，大涌美食是粤菜尤其是中山菜的一个分支，自有其特色，讲究色、香、味、形、养。色自然是颜色，讲求色泽明丽；香是指天然香气和调料之气；味是指入舌的味觉，香浓嫩滑；形是指摆盘的造型要美观；养指菜式营养价值要高。

譬如，大涌有三样地道菜式——浓郁香滑的子姜洋鸭、皮脆肉滑的白切肥鸡、肥而不腻的五香扣肉，远近驰名，每到周末便有邻近镇区的人驱车前来尝味，大街小巷、岸边路边均停满食客的车辆。遇红白喜事，皆有一定之规，上八菜一汤到九菜一汤，甚至增加到十几菜一汤。还有饭前喝汤，饭后加上水果盘、精美点心、糖水。

◎ 大涌人喜欢饭后来碗清甜的糖水，如红枣莲子糖水、银耳百合糖水等，润喉解腻

◎ 大涌人秋冬季节讲究滋补，"龙凤虎"是大
涌人的最爱，三样肉菜上桌，凑成一火锅，
就是"龙凤虎"大会

◎ 搭配功效多样的枸杞子、红
枣、黄芪、党参，可以益气
强身，颇受中老年人欢迎

狗肉是大涌人的家常菜之一。每逢夏至，大街小巷都能闻见焖狗肉的香气。最出名的是南文村深记狗肉，据说夏至这一天该村要准备两三千斤狗肉，以接待从各地赶来的食客。大涌有"夏至狗，无处走"之说。

到了秋冬季节，大涌人都讲究滋补，"龙凤虎"成为大涌人的最爱。龙实为蛇，唤作小龙；凤指鸡，民间俗语有"落毛凤凰不如鸡"；虎指猫，两者同属猫科。三样肉菜上桌，凑成一火锅，就是"龙凤虎"大会。配以北芪、党参、枸杞子、龙眼肉等多种滋补药材，焖制几个小时即可上桌，吃起来浓香美味，让食客欲罢不能。

自由恋爱更"潇洒"

大涌人的嫁娶也很有意思。据说大涌人一般思想开明，远没有过去沿袭的"父母之命，媒妁之言"。纳采、问名、纳吉、纳征、请期、

◎ 旧时的嫁妆中，少不了红色梳子、镜子、毛巾、针线包、口盅等物品

亲迎之类的旧俗十分繁琐，后简化为长辈张罗，物色对象互相满意后即下聘金，测双方八字，如无相冲，便安排男女双方相睇（即相亲）。诸事皆宜，便由双方长辈选定良辰吉日，即可向亲戚分派糕饼果糖，并派发请帖。

如今更是一切从简，现代男女自选对象，自由恋爱，发展感情，双方确定婚嫁之期，便到有关部门进行登记，领取结婚证书，成为合法夫妻，得到法律保护。至于设宴摆酒，款待亲朋，则丰俭由人。

○ 现代社会提倡自由恋爱，一见钟情或日久生情的情愫，是现代年轻人喜欢的恋爱感觉

◎ 说到大涌人的住，不少村落依然保持以往的建筑，当然随之而起
  的新房也不少，农村的新居入住文化颇具特色

"净地"与"入伙"

说到大涌人的住，不少村落依然保留以往的建筑，当然新建的住房也不少。不过新房外形大都雷同，谈不上特别，倒是古旧完好的建筑让人心生兴趣。除了祠堂和牌坊之外，还有一些建筑久远的民居。它们与寻常街巷交织成片，绘就成一幅乡村风景图。

过去，大涌人择地建屋，或拆旧建新，都必须请喃呒老师（在粤语中指在中式丧葬礼仪中为先人超度或其他穿着道袍主持民间拜祭活动的民间道士）"净地"。"净地"时，喃呒老师在宅地上设坛作法。他燃点香烛，口中念念有词，手持长剑，按东南西北方向指指点点，烧阴阳地契和大堆摺好的金银元宝。又卸下道袍，头系红布条，手持燃着的缆枝，撒香粉，鸣放鞭炮。最后在宅地四周插上符咒，安放各村"乡主菩萨"神位。

新居落成，买好新炊具、碗筷等厨房用具，担入新屋，煮煎堆、三牲，燃点香烛拜神，鸣放鞭炮。经济允许的话，还要发请帖，设宴请客庆贺。客人以往多送镜画、镜框或家具作为贺礼，近年仅以贺仪喜酒致贺。

搬入时要燃放鞭炮，驱邪辟秽。搬家时有六样东西是必备的：一是米，用桶装全八成满；二是一个红包，放在米桶上面，示意有钱有粮；三是水；四是碗筷，放在水桶之中；五是火炉；六是簸箕一个、扫把一把，有的还要带上一把老屋的泥土（听说可以治水土不服）。搬完后拜宅基神，宴请亲友及邻居等一起热热闹闹吃个饭，图个人烟味和平安吉祥。

生育文化好"盏鬼"

大涌人对生育也非常重视。在新生婴儿出世后，如果是男婴，称为"添丁""添男孙"，是女婴则称为"添千金""执个妹"。婴儿出世当天，必须备好糖醋鸡蛋猪脚姜，送到外祖父母家，谓之"报更"。外祖父母收下后，第三天就要送礼物为外孙做"三诞"。做"三诞"送的礼品有鸡蛋、生姜、猪脚、生鸡、米酒等。

做"三诞"送的礼品有鸡蛋、生姜、猪脚、生鸡、米酒等

男婴出生后 9 天、女婴出生后 12 天，要做"太岁"。本房族亲叔伯长辈及亲戚大多送生鸡或鸡蛋、衣服布料等物祝贺，谓之"送更"。主家收下礼物后，回送糖醋鸡蛋猪脚姜。到小孩满月时，主家也要送烧肉、糖炒米、红鸡蛋、酸姜等给送过礼物的叔伯亲戚，谓之"酬更"。

新生儿满月时要"剃头"。20 世纪 50 年代以前借用剃刀，把小孩的头刮成光头，现在只象征性地用剪刀剪剪发脚。这天，先由祖母

◎ 新生儿满月那一天，通常要宴请亲戚朋友一起庆祝

或伯母、姑母等长辈，把小孩抱到附近商店买少许糖果花生之类回家，谓之买"遮榄"，分给大人及其他小孩吃，叫"分遮榄"。从此以后，新生儿便可随时抱出家门了。

新生儿满月这天才起名字。有些房族已有辈分用字，只要另选一字与之合并成名字即可。有些则要把小孩生辰到占卜先生那里问五行，看看"金、木、水、火、土"中缺了哪一"行"，则在取名字时用上这"行"的独体字或有这"行"的部首的字。

生日有一套约定俗成的规则

以往，大涌人大概出于节俭，在20岁以前极少庆祝生日。即便是后来经济改善，富裕了，他们大多像平常那样，在生日那天拜拜祖先，煮些煎堆，煲些汤水。

大涌人尊老，对家中老人是一定要做生日大寿的。生日大寿通常由后辈操办张罗。首先要选好吉日，一般都是提前庆祝，不做正生日。

◎ 喜庆的寿帖

◎ 如今不少仪式已经简化或进步，但老一辈大涌人依然严格按
照这些古老的流程来走

不少人家选在春节过后的日子，向亲朋好友发出请帖。请帖的落款不写寿星姓名，因是由后辈子孙为寿星庆祝，所以写"承庆子"或"承欢子"，先写上儿子、媳妇、孙子的名字，再写女婿、女儿、外孙的名字。

庆祝生日当天，具三牲酒礼香烛拜过门官、祖先等，然后寿星安坐厅堂，接受儿孙、媳妇、女儿、女婿奉茶祝贺，有钱人家敬奉金寿桃、金玉首饰等，亲友以生鸡、猪肉、糕点、长寿面等相送，以示祝贺。

如今大多数旧时的礼仪已经简化或消失，但不少老一辈的大涌人依然严格按照旧礼来庆办生日。

无法忘怀的
大涌名人

古往今来，大涌人杰地灵，数不清的仁人志士不断涌现，成为"大涌的脊梁"。

光荣的救护队成员——杨丽容

八年抗战期间，在南国一隅的中山大涌，军民前仆后继，浴血奋战，涌现了许多可歌可泣的感人故事。救护队员杨丽容烈士的故事便是其中一例。

杨丽容出生于申明亭，父亲早逝，自幼与母亲、弟弟相依为命，年仅十六岁就成了母亲的得力助手。跟同村一般女孩不同，她上过几年小学，有一定文化知识，十分关心国家命运和抗战形势，因此，当有人动员她为打击日寇出力时，她毅然参加，成为光荣的救护队成员。1939年7月，日军进犯大涌叠石、全禄等地，杨丽容在救护村民的过程中被日军飞机炸伤，不幸殉难，年仅十六岁。

◎ 烈士纪念碑仍在

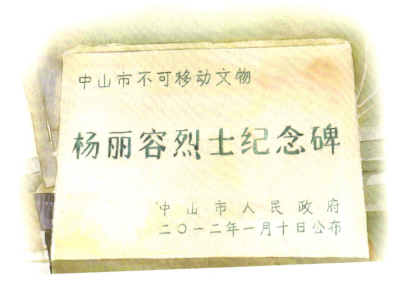

◎ 2004 年，大涌建立了杨丽容烈士纪念公园，供后人凭吊缅怀

据参与编撰《大涌镇志》的林达强老人介绍，在杨丽容牺牲后不久，大涌乡民就在其牺牲处竖立了一块刻有"申明亭乡救护队员杨丽容烈士殉难纪念碑"字样的石碑。中山地区沦陷后，为了保护该石碑，乡民又将该石碑取出到村里的祠堂掩藏起来，直到抗战胜利后才将其取出安设在村口的一棵榕树下。改革开放后，大涌经济发展，开通了马路，兴建了村委会办公楼以及厂房商铺，但榕树和纪念碑依旧保护得很好。

2004年，大涌镇政府有关部门决定迁移该纪念碑，并在距离原来竖碑处仅有数百米的旗北村委背后空地上建设杨丽容烈士纪念公园。公园中间竖立着一块高约150厘米、宽约20厘米的纪念碑，碑的座基下篆刻有纪念碑文。公园门前围栏上镶嵌了"不可移动文物"和"德育基地"牌匾，可供后人凭吊缅怀。

冰坛皇后——关颖珊

关颖珊，一个黑头发黄皮肤的华裔女孩，是世界花样滑冰的传奇人物，曾八次获得美国花样滑冰冠军，创造七连冠的奇迹，并五夺世界花样滑冰锦标赛桂冠，被誉为"冰坛皇后"。她结合了东方女性的典雅与西方女性的热情，处处焕发出美艳的光环。

这位举世瞩目的"冰坛皇后"祖籍是中山市大涌镇基头村。在名人辈出的中山，关颖珊无疑是其中一颗璀璨的明珠。关家的祖居位于基头村内，是一栋两层高的小楼房，外墙贴满了淡黄色瓷砖。

关颖珊结合了东方女性的典雅与西方女性的热情，处处焕发出美艳的光环

关颖珊从 5 岁起就在滑冰场上接受艰苦的训练。8 岁那年，她参加居住地的滑冰比赛，一鸣惊人，一举夺得第三名。10 岁那年，她在一个区域少年赛中获得冠军，因此得到国际滑冰基金会提供的奖学金，更坚定了她投身于花样滑冰运动的决心。

2003 年，由于关颖珊连续第三年蝉联《滑冰》杂志读者投票评选的年度最佳滑冰运动员，美国花样滑冰协会为表彰关颖珊对花样滑冰运动做出的杰出贡献，将"年度最佳滑冰运动员奖"更名为"关颖珊奖"。

值得一提的是，其祖父关浩源老先生是在大涌镇基头村出生的，20 世纪 40 年代初到香港定居。关老先生每年都不远万里从美国回大涌几次，十分关心家乡建设和热心社区公益。早在 20 世纪 80 年代，他就发动两村的侨胞共同捐资，建起镇里第一所华侨小学——南文小学。

关颖珊不仅是冰坛上的"皇后"，还是一位文坛上的才女。1997 年，她出版了自传《冠军的心灵》。

中山抗战英雄——萧祖强

提到南文，就不得不提出生于南文村的中山抗战英雄萧祖强。他出生于 1889 年，早年在上海加入同盟会，并追随孙中山参加过辛亥革命。1939 年 10 月，在中山任第四战区第一游击区司令部参谋长时，率部奋勇抗日，守土克敌，光复县城，立下抗日战功。曾获南京政府蒋介石亲笔题写《捍卫乡邦》金字牌匾嘉奖。2015 年 9 月 25 日，萧祖强的百余名后人纷纷从美国、加拿大等地返乡，他们齐聚在大涌镇南文社区，开展了感人的寻根圆梦之行。

◎ 出生于 1889 年的萧祖强系中山大涌人，早年在上海加入同盟会，并追随孙中山参加辛亥革命，是无畏无惧的抗战英雄

满城尽是红檀香

改革开放以来，大涌从一个南国边陲小镇迅速发展成为我国著名的红木家具生产专业镇，拥有省级以上名牌名标超过 30 个，荣膺"中国红木产业之都""中国红木家具生产专业镇""中国红木雕刻艺术之乡""中国千强镇""国家卫生镇""全国环境优美乡镇""全国第二批中国特色小镇""中国红木家具优秀产业集群"等称号，并入围"广东省特色小镇创建工作示范点名单"，成为我国镇域经济的一颗璀璨明珠。

◎　过了大涌牌坊，从红博城一路走过去，便是独具特色
　　的大涌红木一条街

大涌镇"中国红木产业之都""中国红木家具生产专业镇""中国红木雕刻艺术之乡"三块国字号招牌金光闪闪，充分彰显了大涌红木在中国经济版图中的一席之地。到了大涌镇，举目尽是红木家具馆。过了大涌牌坊，从红博城一路走过去，便是独具特色的大涌红木一条街。做红木家具的厂家大约分为几种，一种是大而全的品牌店，比如东成红木、红古轩、太兴家具等，各种材质和品类都有，而且工艺出众，好比是全能选手。还有一种是小而精的品牌店，追求差异化，专门以生产一种材质或家具著称，堪称单品冠军，如专做刺猬紫檀的，或者专做茶台的。

在大涌红木生产企业中，星星多，月亮也多起来，经过长时间的沉淀，已经逐渐由"众星拱月"变成"星月交辉"的局面。

红木家具馆的命名非常有特色。一是前缀通常是以富、贵、红、匠、宝、运、荣、华、成等为主，体现了红木家具进入大户人家的特质，

比如业内闻名的东成红木、南枝红等。二是后缀以轩、坊、馆、楼、堂、阁为主，反映了独具特色的东方传统文化，比如红古轩、轩红坊等。三是以比较诙谐幽默的方式出现，比如老纪和晓岚红木，是把历史名人纪晓岚的名字分拆开来，把名人效应发挥到了极致。

品鉴红木家具需要一些专业知识和修养。比如要搞懂什么是国标红木五属八类33种木材，每种材质的学名和俗称是什么，有哪些特征和用途。了解这些常识，才能买到货真价实的好红木。

红木的五属即紫檀属、黄檀属、柿属、豆属及铁刀木属，八类则是以木材的商品名来命名，即紫檀木类、花梨木类、香枝木类、黑酸枝类、红酸枝木类、乌木类、条纹乌木类和鸡翅木类。

在普通消费者心目中，红木家具似乎是笨重古董的代名词，雕刻繁琐，花色沉重，虽说审美和收藏价值较高，但实用性和亲民性不强。

近年来，红木家具年轻化的风潮渐兴。譬如倡导新古典红木的东成红木推出了一批针对年轻消费者的小清新产品，如荷韵系列等，灵感来自于荷塘月色。设计线条简洁明快，大方新颖，配以软垫，融合了人体工程学的精华，既典雅又舒适。

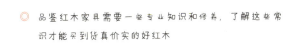
◎ 品鉴红木家具需要一些专业知识和修养，了解这些常识才能买到货真价实的好红木

◎ 很多红木企业开始推出针对年轻消费者的小清新产品，如笔筒、茶台、
红木手链、红木日历等

此外，红木家具大件组合产品也格外出色。比如东成红木有一套
25 件的 "万马奔腾" 沙发，成为业内引人注目的稀世臻品。这套沙
发选用 20 多吨大红酸枝优质木材，历经三年多精心制作而成。整套
组合仿宝座形制，共 25 个组件，有沙发、茶几、角几、柜几、脚踏等，
床椅尺寸宽大。远观，其体量庞大，气势恢宏；近看，雕花栩栩如生，
趣意盎然。

　　除了观赏性，这套组件在设计上也充分考虑到后期的使用，灵活
地加入了人性化的元素。

◎　精致的红木家具

据官方资料显示，为了提升大涌红木的综合竞争力，大涌先后成立了大涌镇木材干燥中心、广东省质量监督红木家具和办公家具检验站等，还创建了全国首家红木家具博士后创新实践基地。

大涌红木家具工艺城于 2010 年 9 月试业，楼高三层，总建筑面积约四万平方米，由中山鸿发家具有限公司打造，是全国大型现代化红木家具工艺商品批发市场之一。

2013 年 10 月，中国（大涌）红木文化博览城（简称红博城）项目正式启动。大涌每年还举办中国（中山）红木家具文化博览会（简称红博会），是中国红木家具行业规模最大的展会。近年来，在市场不景气的大环境下，移师"新舞台"的红博会就像一股强劲的旋风，引领着红木家具企业冲向生机盎然的春天。

大涌每年举办的中国（中山）红木家具文化博览会，是中国红木家具行业规模最大的展会

红博一笑

顿倾城

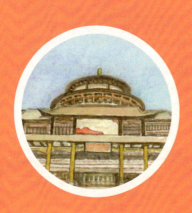

　　到了大涌，首选参观的第一站是哪里？如果你问当地人，答案几乎的一样的，那就是红博城。红博城外形酷似北京故宫、天坛、颐和园，但里面曲尽其妙，令人大开眼界。它是大涌红木文化的地标性建筑，显示出红木文化旅游休闲名镇的新气象。

　　中国(大涌)红木文化博览城简称红博城，气势恢宏，总占地300亩，总建筑面积达80万平方米，按国家5A旅游景区标准规划，致力打造成古典的中式建筑群落，是大涌特色文化旅游的一大旗舰景区。我一直认为红博城的名字起得很妙。红既有中华民族特色，庄严厚重，为中国红，又指红木相关产业，尤其是红木家具。

　　博，一为博大，聚合红木名企名家名品，海纳百川，有容乃大；二可视为博览会的博，也是开门办展的意思。城是一个称谓，红木为城，更有趣味。

红博城建立后，盛会、盛景、盛世、盛典开启，演绎中华文化的魅影。这里是产业整合的"博览之城"，是商务交流的"国际之城"，是传统文化传承的"时空之城"，是传统工艺美术聚合地的"艺术之城"，更是规划设计与体验旅游的"立体之城"。

　　欣赏红博城，宜在夜晚。夜晚灯光聚拢下的红博城，呈现出别样

◎ 大涌红博城外形酷似北京故宫、天坛、颐和园，里面曲尽其妙，令人大开眼界

的魅力与惊喜。在灯火笼罩下，建筑通体透亮，隐隐透着一股皇室贵气，却很亲民。当然，可独游，亦可举家前往观赏。红博城的台阶宽大，供人自由出入。

　　进入馆内，无人打扰，尽可寻找钟爱景点，选购心仪小玩意，当然可以品尝特色美食，体验红木艺术品的珍奇之妙。

◎ 绕过浮雕墙，首层规划的是各种红
木旗舰店，这里汇聚全国顶级红木
品牌，人们想要的红木家具，在这
里都能选到

红博城首层南面入口的巨型浮雕墙刻录了红木产业发展史，绕过
浮雕墙，首层规划的是红木旗舰店，汇聚了全国的顶级红木品牌。二
层规划的是工艺精品，汇聚高端中华传统工艺品品牌。三层规划的是
二三线红木家具品牌。四层围绕天坛规划了琴、棋、书、画四馆，室
内会展中心以及露天文化广场。五层打造了一个博物馆群落，拥有价
值上百亿的文化精品。六层是高峰论坛中心，可进行专题讲座、研讨会、
收藏拍卖、演出等，可以同时容纳近千人。

○ 红博城是富有岭南水韵的精致建筑，每一处都是让人流连忘返的风景

　　进馆游逛一圈，见识了红木大师的手笔，不禁想跟大师本人来个零距离接触。红博城的大师艺术园就可以满足你的愿望。这里的大师九园采用多层园林式四合院建筑风格，既是全国顶级艺术大师的创作场所，也是大师精品的展示平台，每一座院落都是一处让人流连忘返的风景。

　　有人说，红博城更像是岭南水乡的微缩版。大涌背依西江，良田万顷，也是远近闻名的水乡。如今摩天大厦拔地而起，富丽堂皇的建筑并不稀罕，难得的是红博城这般富有岭南水韵的精致建筑。

岭南文化骑楼街是红博城内的特色主题街区之一，位于红博城一期一区的二首层并中空至三首层。骑楼街打造民国时期风格的建筑，以24小时永不落幕的蓝天白云仿真天幕打造，两边以工艺精品店铺围绕而成。铺满工艺精品的主题街区琳琅满目，让消费者大饱眼福，如恰逢大型庆典活动，还有机会在骑楼文化街遇上竹蜻蜓、套泥人等手工艺人现场表演，更有古香古色的服装"穿越秀"和黄包车车夫带你游街区等特色活动。

　　中山西区有岐江夜游，坐上游轮，从中山桥头出发，途经各镇，大涌红博城也是重要一站。红博城坐拥古典特色园林，共五层，以岭南、江南、徽派、皇家等多种建筑风格结合设计。该园林以竹、松、柳以及岭南特色树种点缀其中，园林中绿化植被与黛瓦粉壁交相辉映。

　　2016年国庆期间，红博城举办了别开生面的孔子七十二贤泥陶雕像展，这也是该雕像系列在广东省的首次展出。几乎每一位游客都会站在孔子和他的七十二位最有名望的学生雕像前合影留念。陶雕形态各异、各具特点、栩栩如生。

◎ 栩栩如生的孔子泥陶雕像

◎ 走累了，不妨到红博城"隆都里"特色美食一条街看看，这
里有各种美食等着你去品尝

　　走累了，不妨到红博城"隆都里"特色美食一条街看看，有各种
美食等着你去品尝。隆都里营造一种穿越古今的繁华街景氛围，有中
华老字号美食、各地经典小吃等，还加入了手工民俗技艺表演、民间
食品加工作坊演示等项目，让游人可以一边品尝美食，一边感受优秀
的传统文化。

怎
么
去　　从大涌镇政府走约300米到旗山路东站乘坐057路（坐
3站）、010路（坐3站）到大涌红博城站下即可。

不尽的似水流年
——红木名企

大涌以红木家具和牛仔服装闻名于世，目前大涌红木在国内红木家具市场占有重要的份额。大涌红木名企不少，比如鸿发、东成、红古轩、太兴、合兴奇典居、集古韵今（大不同红木）等。这些企业的发展长则三十余载，短则十多年，至今仍不忘初心，坚守如初，期盼着大涌红木的黄金时代。

　　在大涌，无人不知鸿发家具。鸿发家具创建于 1982 年，至今已有三十多年历史，是大涌镇最早生产红木家具的企业，也是大涌镇"十大名牌"企业之一。在三十余年的发展过程中，鸿发家具成为当仁不让的"龙头大哥"，为数百家红木家具企业树立了"重质守信"的先进榜样。

◎ 集古韵今（大不同红木）也是知
　　名红木企业之一

◎ 鸿发家具是大涌红木业中的"龙
　　头大哥"

◎ 正是鸿发家具全体员工对于产品的不懈追
　 求和精细打磨，才造就了实用、时尚、美
　 观的红木家具

　　如果说鸿发是当地土生土长的著名企业，那么与鸿发相对应的便
是东成红木，东成红木是大涌第一家外地红木企业，而且是客家企业。
东成红木创始人兼董事长张锡复是梅州五华人，木匠出身，创出了大
事业。拿张锡复本人的话讲："小细节成就大品牌。"

　　成立 27 年的东成红木如今已长成参天大树。张锡复每逢接受记者
采访，挂在口头的一句话就是"感谢大涌的包容"。

　　东成红木成立于 1990 年，是大涌镇红木家具十大品牌企业、国
标《红木》主要起草单位、广东省名牌产品企业、广东省著名商标企
业等。

如果说东成红木是新古典红木家具的倡导者和引领者，那么红古轩就是新中式生活的先行者。

红古轩自 20 世纪 90 年代末发展至今，在对传承与创新精神的追求中成为传统艺术的创新者。红古轩继承了古人的红木情结，充分挖掘红木的天然纹理和色泽的美学特征，成功开发了"古御""轩韵"和"红尚"三大品牌，都受到业界专家和消费群体的一致认可。

2010 年，在第十六届亚洲运动会中，红古轩携手数十位陶瓷工艺大师，制成巨幅屏风送给亚运会；2012 年，红古轩荣获国际家具协会颁发的"2012 年度全球家具创新 GIA 大奖"，这个奖有国际家具界

○ 红古轩自发展以来，一直将中国传统文化的元素融入红木制作中，致力打造成传统艺术的创新者

◎ 大涌制作的红木家具沉稳高贵，经得起岁月打磨，久用不衰

奥斯卡之称，红古轩是首次获此殊荣的中国家具企业。

在大涌红木一条街上，红古轩、东成红木是左邻右舍，点缀着岐涌路上迷人的红木风景。如果说东成红木在于厚重，红古轩在于轻雅，那么太兴家具则在于瑰丽。

太兴家具追求古典与现代的完美结合，在原材选料、开料、木工、雕刻、打磨、烫蜡、物流的每一道工序和步骤上，都制定严格标准和流程，在解决原材料南北气候差异的烘干技术上更为讲究，确保出品的每一件家具都是经得起岁月打磨的佳品。无论是山水花鸟、龙凤呈祥，还是梅兰菊竹、桃李争艳，都活灵活现、栩栩如生，赋予了传统家具脱俗高雅的时代气息。

听说，为了更好地把受众群体扩大，太兴家具于2016年开拓了一个新木种——深色名贵硬木非洲黑檀，品牌叫26度伴，是针对年轻一代主要消费群体打造的舒适产品，既有中国传统味道的榫卯结构框架，也融合了西方的软体部分，很受80、90后消费群体的欢迎。

正是由于拥有了鸿发、东成红木、红古轩、太兴家具、集古韵今（大不同红木）等众多红木名企，大涌才能在竞争如林的全国红木家具市场中占有一席之地，让"中国红木旅游文化名镇"的魅力持久焕发。

◎ 太兴家具富有时代气息

◎ 这种对于产品不懈研发和精益求精的精神和坚持，就是业内人经常提到的工匠精神

坚守的技艺，
永恒的大涌工匠

没有螺丝，没有黏合剂，古代匠人创造性地通过木头的凹凸，把构件组合成家具、房屋，而且严丝合缝、异常牢固，这就是奇妙的榫卯。长短榫、楔钉榫、燕尾榫……看不到一个钉子的中国古代家具，靠着精巧的榫卯结构组合而成。榫卯被称作红木家具的"灵魂"，木构件上凸出的榫头与凹进去的卯眼，简单地咬合，便将木构件结合在一起。由于连接构件的形态不同，衍生出千变万化的组合方式，使红木家具达到功能与结构的完美统一。

　　精美优雅的红木家具价值不菲，惹人喜爱，除了材质本身的贵重和品牌文化之外，精致的工艺也令人称道。红木工艺是由木匠打造的，

◎　看不到一个钉子的中国古代家具，靠着精巧
　　的榫卯结构连接而成，由于连接构件的形态
　　不同，衍生出千变万化的组合方式

木匠可以说是红木家具的灵魂所在。现今打造大国重器，提倡"工匠精神"，离不开大国工匠。大涌同样拥有一些了不起的工匠，他们用自己的智慧和坚守成就了一片天地，创造性地呈现出独特的美学。

　　木工作为一种职业和手艺在先秦时期已出现，经过数千年的发展，已形成体系完备、博大精深的传统工艺。然而随着时代的发展，旧时的锯子已被今天的木工机械取代，大量电动工具的使用虽然提高了生产力和效率，却使传统的木匠手艺陷入后继乏人的尴尬局面。大型工厂的流水线出品在工艺上无法与手工相比拟，前者呆板而生气不足，而后者凝结着木匠师傅的心血和情感，通常做工更精致，更富有创造性和收藏价值。

　　近年来，大涌涌现了许多大师、工匠。大涌名企东成红木木工主

◎ 经过多年的磨炼，伍凤山师
　　傅掌握了高超本领，只要拿
　　到外形要求和家具总体尺寸，
　　他就能自行设计出家具内部
　　结构

管伍凤山可谓杰出代表之一。他于 2017 年获得"广东省五一劳动奖章",书写了自己的传奇。

　　伍凤山自 20 世纪 80 年代便开始做木工学徒,足足学了三年才出师,如今已有 30 多年工作经验。在早些年还是"私人定制"的时代,伍师傅几乎一年到头都在外面做家具,在大涌周边的三个乡镇中,几乎每家每户的家具都经由他之手制作出来。

经过多年的磨炼，伍师傅掌握了高超本领，只要拿到外形要求和家具总体尺寸，他就能自行设计出家具内部结构。除此以外，他也能自己准备木材设计图纸，他为年幼的儿子制作出能坐在里面吃饭和充当摇篮的折叠小摇车，扶着学步还能听到悦耳声响的学步车，这些都是他最引以为傲的作品。

现在的厂房里都换上了数控机器，上面的字母拼音伍凤山完全不认识，但他依然认为老手艺是谁都夺不走的："没有做过手工的人不懂家具内部的结构。"现在，伍师傅是东成红木中经验最丰富的木工师傅了，老板也有意为其成立工作室，让他为企业培养更多的木工人才。

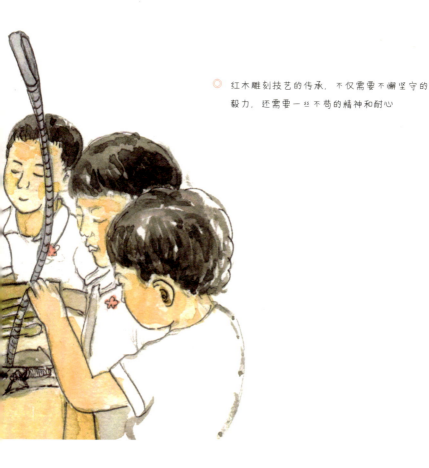

◎ 红木雕刻技艺的传承，不仅需要不懈坚守的毅力，还需要一丝不苟的精神和耐心

让伍凤山等老师傅担忧的是，目前厂里的木工多半是三四十岁的师傅，极少见到坚持下来的年轻人。虽然从小目睹父亲打制家具、幸运地拥有创意十足的木制玩具，伍凤山的儿子都嫌累不愿意跟随父亲做学徒，"逃走了好几次"，被伍凤山当做趣谈，但却代表了当下年轻人对这一颇具前景但辛苦的行业的态度。

◎ 东成红木有意为伍师傅成立其个人工作室，
为大涌的红木经济发展输出更多的人才

聚艺居

今年五十多岁的伍凤山师傅，在2014年参加广东卫视真人秀节目《技行天下》中获得全国"最佳木工"大赛冠军。在经过节目录制组的"精挑细选"后，共有6名木工师傅参与了现场节目录制，中山市共有4名木工师傅参与，他们均来自大涌镇，分别是东成红木的伍凤山、鸿发家具的何平、红古轩的罗财链、太兴家具的肖承福。最后伍凤山力挫群雄，赢得桂冠。

◎ 目前厂里的木工多半是二四十岁的师傅，极少见到坚持下来的年轻人

○ 在争夺赛中，木工师傅专注的眼神感动着现场的观
　众和评委

　　大涌红木引人瞩目，工匠们居功至伟。然而，面对激烈的市场激烈，木工人才的培养也面临全新的考验。

　　2016 年 12 月 18 日，大涌红木家具"十大工匠"出炉。为期两天的 2016 年"鸿发杯"大涌红木家具十大工匠争夺赛闭幕，经过激烈的角逐，来自红古轩的温珍干从 38 名参赛选手中脱颖而出，夺取桂冠，并与熊智、郑吉平等 9 名选手成为 2016 年大涌红木家具十大工匠。

　　2017 年初，大涌创建全国首个红木家居学院，2017 年 9 月招收首批学生，教学地点设于红博城。这家由大涌镇和中山职业技术学院合作建设的中山职业技术学院红木家居学院，是全国的首家红木家居学院。

外地人与本地人，
相聚大涌

在中山，大涌过去属于经济欠发达地区。经过三十多年的发展，尤其是近十年来的加速度，大涌已旧貌换新颜。外来人员不断进入大涌的企业，与当地居民和谐共处，形成了鱼水般的和谐关系。

在外来人员中，相当一部分来自四川、湖南和江西。大涌客家人也数量不少，尤以来自五华县的为最，甚至有一条村子的人都来这里做红木。

大涌红木生意好做，各地的人都前来创业，想有所作为。有些年纪很轻就到大涌打拼的，现在已开辟了一片天地。

从大涌牌坊进去，便是红木一条街。街内有许多红木名企展厅，也有不少小吃店。小吃店的店主都是外地人，口音各异。售卖兰州拉面、四川担担面、客家腌面、湖北炸酱面的摊档都有，好比面馆一条街。店主来自的地方不同，脾性也不尽一样。有些较急躁，有些稍和气。有些是要先收饭钱的，譬如木桶饭，大概是怕人多，忙起来忘了收钱。还有些送外卖的。门市销售人员多，尤其是大公司，专做他们的生意就很可观。前提是饭菜好、分量足，这样就不愁没有回头客。

◎ 大涌的小吃店店主多是外地人，操着不同的口音，出售兰州拉面、客家腌面以及粥品云吞等粤式早点

到了菜市场，档主不少也是外地人，但他们成天生活在这里，这里已成为他们的第二故乡。他们逢年过节才能回老家一趟，要么把小孩接来大涌，要么把孩子放在老家给老一辈的人带。他们将自己的年华和汗水都奉献给了大涌这座小镇。

在厂房宿舍或本地小区的出租屋里，时常见到大批年轻的外来工，闪动着不灭的青春、梦想与追求。工厂里男工多，门市里女孩多，他们多是 90 后，几乎是他们的天下了。与 80 后不同的是，他们更加追求内心的平衡，对软环境提出了更高的要求。他们下班后有自己的业余生活，看电影、唱歌或者进修，提升自我能力。

◎ 一些从外地来大涌打工的人会把老一辈接过来，方便照看孙儿孙女，自己可以全心打拼

报纸

在下午的闲暇时光里，两三妇女喜欢坐在村口
巷口聊聊家常，无论外地人或本地人，同样聊
得舒心开怀

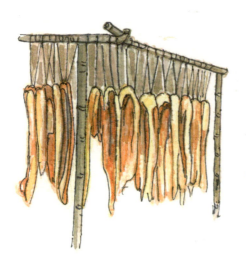

一些小吃店老板把自家腌制的
腊肉悬挂起来，放于巷口

在名企东成红木，就有会计成为总经理助理，销售员上升为店长，普通木工变成省劳动模范的……这些励志故事很多，故事中的主角找到了适合自己的平台，创造并实现了自己的人生价值。没有年纪和性别之分，一切唯才是举。不少高校毕业生选择来大涌，即使是毫无经验的设计师，在红木家具文化的浸染之下，也慢慢变得稳重，设计出美轮美奂的红木精品。红木人都有一个共识：红木是需要养的，人也需要红木来养。

在大涌的大街小巷，有不少商场超市、修车铺、小吃店，也有理发店等服务行业。店铺都开在不起眼的角落。

前些年，员工上班大多开着电动车，后来换上摩托车，再后来是小车。现在去大涌，倘若去大一些的门市买家具，连停车位都难找。一到上班高峰期，这里更是车水马龙。

在这里工作生活，本地人会讲大涌话，但当他们发觉来人是讲普通话的，都会马上改用普通话交谈，一点儿也不排外。

大涌有许多社区，社区居民相处颇为融洽。南文社区经常搞活动，一到重要节日，特别是传统的重阳节，都会组织企业社团为村里的老人募捐，让他们安享晚年。同时募资兴修和完善孤寡老人的屋子、福利院和养老院，让老人们过得幸福舒心。摆答谢宴时，会摆上七八十桌，非常壮观。上了年纪的老人还饶有兴致地上台演唱粤剧，如痴如醉。

◎ 大街小巷里，屋顶瓦片上多长出红艳的花儿

后记 | 讲不出再见

　　再见总是离别时，这忧伤和美好的字眼却意味着另一种开始。此去经年，别离多时，仍与大涌有着割舍不断的情缘。

　　当年我初次步入大涌，进入一家红木企业工作，因缘巧合，若干年后，我有机会撰写《Hello，大涌》。假如能有一幕回忆值得铭记，恐怕就是这本小书了。

　　都说熟悉的地方没风景，可我却要说熟悉的风景就在眼前、就在当下、就在大涌。无论你是否到过大涌，还是早已对它耳熟能详，我希望《Hello，大涌》这本小书，能引发你产生全新的认识和独特感受。

　　这是一本清淡之书。没有太多的言辞说教，恰似老友重逢，饮清茶一杯，轻诉往事，拉扯家常，不知不觉间便将大涌的人和事和盘托出。或许只是大涌一角，却是以点见面，连缀成篇，串起一些温暖的光景。

　　这是一本具有体温之书。所有的文字都经由内心汩汩流出，带着体温，像红木家具的打造，始于一份"匠心精神"。从题材选择、视角切入、文字风格、细节打磨、篇章衔接、绘画呈现，均力求细致考究，精益求精。

　　这是一本诚意之书。作为在大涌工作生活过的新大涌人，对于这里的一草一木、一山一水、一人一物，我满怀真挚，力求纤毫毕现。从书斋到旷野，当行则行，当止则止，不牵强附会。

这是一本轻重相宜的书。看起来书不厚，分量却也有一些；看起来清淡，读着别有况味在心头。古人云：言之无文，行而不远。文字恰似一束光，照亮自己，也照亮别人，照亮前行之路，照亮这座南方小镇。

这是一本智慧之书。在这里，要感谢广东人民出版社中山出版有限公司（简称中山出版）总经理何腾江和责任编辑冼惠仪的工作，感谢我的绘画搭档陈皓琪，书画一体，相得益彰，这是我们第一次愉快的合作，同时开启了以后合作的大门。

当把书稿交出去时，相当于把我的孩子交出去，至于结果如何，无法预料。但我如释重负，相信中山出版的团队能够将其完美呈现。心愿初步达成，关于大涌，我还没写完，也将继续写下去。

由于本人琐事颇多，一定程度上影响了该书的进度。幸好五六月间集中全力完成，然而时间仓促，难免有所错漏，望大家不吝指正，将来重版时予以修订。

管启富

2017 年 10 月